나의 하늘

김정윤 제2시집

시사랑음악사랑

'시'를 통해 누군가의 마음을 밝혀 주는 따뜻한 등불이 되고 싶은 김정윤 시인

김정윤 시인은 '詩'란 잃어버린 것들을 되찾게 하고, 삶의 아픔을 위로하는 마음을 밝혀 주는 등불이라 생각한다. 시를 통해 우리들의 인생이 따뜻해지고 더욱 밝아지길 바라면서 오늘도 시를 짓는 김정윤 시인이다. 시인은 시를 만남으로써 누군가에게 밝은 등불이 되고 꿈의 씨앗이 될 수 있기를 기대하면서 시를 짓는다. 또한 시를 창작하면서 자신은 물론 누군가의 아픔을 치유하고 위로받으면서 희망의 씨앗을 심어 활짝 피어나길 바라는 마음이라고 한다.

김정윤 시인의 시 속에는 지난 시절 과거와 현재의 삶 그리고 꿈꾸는 미래의 삶이 비빔밥처럼 잘 섞여 읽는 독자가 공감할 수 있도록 단단한 필력으로 맛깔나게 잘 스며있다. 그리고 무엇보다 시인의 하늘이 되어 준 어머니에 대한 시가 많이 있다. 어머니에 대한 애절한 사랑과 그리움, 아픔과 슬픔, 어머니의 힘들고 고단했던 삶을 보듬어 주지 못하고, 그 큰 은혜에 다 보답하지 못한 자식의 안타까운 마음이 시제가 되고 주제가 되어 한 편 한 편 시로 탄생했다. 또한 고향을 사랑하는 마음이 시 속에 잘 나타나 있는 것을 볼 수 있다. 행복보다는 아픈 기억이 더 많은 고향이지만, 어머니의 삶이 그대로 녹아 있기 때문에 더 소중하고 아끼고 싶은 고향을 한 폭의 수채화처럼 펼쳐 놓았다. 이 모든 삶이 잘 어울려 차곡차곡 쌓인 시인의 삶이 시가 되어 "나의 하늘"이라는 제호로 제2 시집이 출간되었다. 물론 읽는 독자도 어머니에 대한 마음에 울컥하기도 하고 나를 돌아볼 수 있는 시간을 갖게 될 것이다.

김정윤 시인의 제1 시집 "감자꽃 피는 오월"은 시인이 살아온 삶의 일기장 같은 것이라면, '나의 하늘' 제2 시집은 제1 시집에서 시낭송 되었던 작품과 또 새롭게 창작한 작품은 종합 문화예술 작품으로 독자를 찾아가고 있다. 오선지 위에 음표를 달아 주면, 노래가 되고 마음에서 우러나는 느낌을 목소리로 들려주면, 시낭송이 된다. 눈으로 보는 시집, 귀로 듣는 시집, 마음으로 감상하는 시집, 바로 요즘 시대에 꼭 필요한 콘텐츠(contents)를 잘 이용하여 독자에게 종합 세트 선물같이 다가와 풍부한 감성을 더 느낄 수 있도록 다양하고 깊은 맛을 주는 김정윤 시인이다.

김정윤 시인의 "나의 하늘" 시집이 출간하게 됨을 필자는 진심으로 기쁘게 생각하고 추천할 수 있어 참 행복하다. 시인이 삶 속에서 성실한 만큼 시에 대한 열정 또한 뜨거운 무더위에 비할 바가 아니다. 시집을 출간하기 위해 틈틈이 퇴고하고 오랫동안 준비한 그 마음이 독자에게 잘 전달되어 행복의 선물이 되길 기대한다. 그리고 "나의 하늘" 시집이 많은 독자의 손에 들려 감동의 선물이 되길 바란다.

(사)창작문학예술인협의회 부이사장 박영애

시인의 말

가난을 누더기처럼 걸치고 살던 나의 유년 시절
불덩이 같은 몸을 뒤척일 때마다 갈바람에 가랑잎 떨어지듯
우수수 빠져나간 머리카락을 움켜쥐고 두려움에 떨며
아무도 찾지 않는 골방
봉창에 비치는 하늘을 바라보며
밤마다 울었던 한고비 바람처럼 지나간
이제 더는 내 것이 아니고 싶은
생사기로(生死岐路)의 벼랑 끝 순간들
병든 아이를 부둥켜안고 "두려워 말라 내가 너와 함께 함이라"
성서 한 줄을 주문처럼 외우며 목숨을 건 어머니의
눈물로 얼룩진 새벽 기도와
그 많은 정성으로 다시 세상에 태어난 나
어머니 살아생전 하지 못한 은혜에 보답하는 마음으로

제1집 "감자꽃 피는 오월"에 이어
제2집 "나의 하늘"을 엮으며 비록
세상의 어머니는 떠났지만 보낼 수 없는 어머니!
"두려워 말라 내가 너와 함께 함이라"
가슴에 화석처럼 굳어있는
나의 어머니께 아직은 설익어
어설픈 시어들로 그려진 시집이지만
진솔한 나의 마음을 전해본다.

시인 김정윤

- 목차

벼랑 끝소리 10
그리운 어머니 11
나의 하늘 12
주막 앞의 초상화 14
추모(追慕)의 집 16
마지막 카네이션 17
겨울나무 18
맷돌 소리 19
행복을 먹는 아이들 20
낮에 뜬 달 21
어머니의 첫 기일(忌日) 22
아버지의 눈물 24
엄마 생각 26
문상(問喪) 27
내가 너와 함께함이라 28
고향(故鄕) 31
임종 지키세요 32
아버지의 바다 34
애환의 꽃 35
떨어진 애환의 꽃 36
나이 37
길 위에 낙엽 38
탑골 처녀 39

화목 꽃	40
장마 일기	42
봄의 태동(胎動)	44
새해는	46
아름다운 그곳에	48
4월의 이별	49
꽃은 피지 않고	50
세월의 주름	51
하지 못한 말	52
푸른 낙엽	54
해바라기	55
세상 사는 이야기	56
한파(寒波)	59
나에게 봄은 희망이었어	60
4월	62
가을은 벤치에 앉아	63
송화(松花)	64
시화	64
늙어간다는 것	65
운명을 타는 노인	66
노인(老人)	67
백수(白手) 노인	68
황어(黃漁)의 꿈	69

- 목차

울기등대(蔚氣燈臺) 70
그리움 72
벗어야 오는 봄 73
잊혀가는 유월에 74
가로등 76
개나리 77
청하 보경사 78
위판장의 생선들 80
돌아온 가을 앞에서 82
스마트 폰 84
영혼의 위로함을 위해 86
장맛비 88
달집태우기 89
황사(黃砂) 90
아침이슬 91
특별한 송년회 92
봄비 94
황혼 학술제 95
새벽 96
슬프지 않은 이유 97
가을 애주가 98
입춘(立春) 100
옥선(玉仙)의 꿈 102

경고······104
딸 시집가는 날······105
행복한 방······106
고향 초 (故鄕 草)······108
향수(鄕愁) -01······110
향수(鄕愁) -02······111
향수(鄕愁) -03······112
향수(鄕愁) -04······113
향수(鄕愁) -05······114
향수(鄕愁) -06······115
향수(鄕愁) -07······116
미망인······117
백신접종 가는 길······118
시계 소리······119
황혼 반사경······120
민들레 홀씨 되어······122
불면의 밤······123
고향길······124
잔소리······126
가을······127

벼랑 끝소리

대롱대롱
겨울이 바위 끝에 매달려
떨어진다.

똑! 똑! 똑!

밤이 깊을수록 청아하게
가까워질수록 선명하게

빠를수록 멀어지는
겨울이 벼랑 끝에 매달려
떨어진다.

그리운 어머니

밤하늘 별바다
유난히 밝은 별 하나 나의 어머니
바라만 보아도 흐르는
눈물에 목이 메어옵니다
바람처럼 스쳐 간
백 년의 세월
차디찬 바닥에 무릎을 꿇고
눈물로 시작하는 어머니의 하루
눈물 젖은 어머니의
새벽 기도 소리가 들려옵니다
이 세상
무엇으로 가늠할 수 없는
봄날 같은 어머니
어렵고 힘든 일에도 웃음 한번
잃지 않던 어머니
밤하늘 별바다
유난히 밝은 별 하나 나의 어머니
바라만 보아도 흐르는
눈물이 목이 메어옵니다.

제목 : 그리운 어머니
시낭송 : 박영애
스마트폰으로 QR 코드를 스캔하면
시낭송을 감상할 수 있습니다

나의 하늘

한평생 하늘만 바라보고 사는
뒤란 늙은 돌배나무
뒤틀린 몸 가지마다 꽃반지 끼고
하늘 향해 손짓할 때

바다를 건너온 전염병
담장에 새끼줄치고 골방에 누워
죽느냐 사느냐
아이 목숨을 저울질했다.

불덩이 같은 아이는
몸을 뒤척일 때마다 갈바람에
가랑잎 떨어지듯 우수수 빠져나간
머리카락을 움켜쥐고 두려움에 떨며

꺼질 듯 흔들리는
호롱불 같은 목숨 이어가는
어둡고 컴컴한 골방
봉창에 비치는 하늘을 동무 삼고
낮에는 천사의 날개 같은 하얀 구름
밤이면 별바다를 바라보며

이제나저제나
엄마 품 같은 파란 하늘 그 큰 가슴에
안기고 싶어 밤마다 울었던

이제 더는
내 것이 아니고 싶은
가난을 누더기처럼 걸치고 살던
한고비 바람처럼 지나간 유년 시절
그때, 그 하늘을 바라보며
그리운 어머니를 불러본다.

제목 : 나의 하늘
시낭송 : 박영애
스마트폰으로 QR 코드를 스캔하면
시낭송을 감상할 수 있습니다

주막 앞의 초상화

깊어져 갈수록 출렁이는
도시의 밤
골목길 외진 곳에도
어둠을 적시는
네온 빛 구슬비가 내립니다

가난의 은신처인
초라한 주막 처마 밑에
회색 도리 구찌를 눌러쓰고
지그시 눈을 감고 졸고 있는 노파

얇은 외투 위로
무겁게 내려앉은 뿌리 깊은 고독
거친 숨을 쉴 때마다
흐느끼듯 흔들리는 작은 어깨 위로
빗방울이 떨어집니다

어머니!
얼마나 외로우셨기에
이토록 많이 취하셨나요?

고단했던 삶 전부를
자식을 위해 던지시느라
문신처럼 새겨진 골 깊은 주름

손가락 마디마디
옹이처럼 박인 굳은살이
이제는
술잔을 들기에도 무디어 가는 감각

한 자락
흘러내린 흰 머리카락에서
마지막 소리 없는
고통으로 떨어지는 빗물

이 세상 어머니의
살아있는 초상화를 바라봅니다.

제목 : 주막 앞의 초상화
시낭송 : 박영애
스마트폰으로 QR 코드를 스캔하면
시낭송을 감상할 수 있습니다

추모(追募)의 집

누군가 다녀간 발자국마다
송이송이
꽃으로 피어나는
울산 하늘 공원 추모의 집
하늘에 별이 된 과거들이 칸칸이
작은 방에 앉아
예쁜 모습으로 웃고 있습니다
유난히 하얀 머리카락을 세우고
아버지 곁에 앉아 있는 엄마도
그 작은방에 앉아
일 년에 두세 번 찾아오는
나를 보며
반가운 얼굴로 웃고 있습니다
엄마 웃는 모습에
울컥!
솟구치는 서러움을 참지 못해
울고 말았습니다
봉합된 작은 유리문 너머
엄마 얼굴 앞에 비치는 초라한
내 모습이 너무 서러워 울었습니다.

* 2024.09.17 추석 명절

마지막 카네이션

엄마!
오래오래 사세요
백지장처럼 하얀 얼굴에
유난히 빨간 잇몸을 드러내며 웃는
어머니의 두 눈에
오래전 말라버린 한 방울
눈물이 고인다.
무서운 한파가 창을 넘어
심장을 파고들고
심장 박동 계가 요란하게 울던 날
어머니는 끝내
겨울을 나지 못하시고
하나님 곁으로 떠나가셨다.
살아 쓸모없고
죽어 아깝지 않다던 어머니
바람처럼 스쳐 간 백 년의 세월을
마지막 카네이션 한 송이
가슴에 안고 홀연히
어머니의 나라로 떠나가셨다.

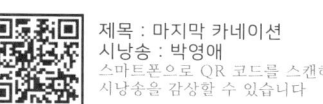

제목 : 마지막 카네이션
시낭송 : 박영애
스마트폰으로 QR 코드를 스캔하면
시낭송을 감상할 수 있습니다

겨울나무

갈가리 낡은 수피 자락을
훈장처럼 걸치고
속살 파고드는 칼바람에 비틀거리며
달빛에 쓰러진
발가벗은 그림자를 밟고 서서

봄 여름 가을 겨울
그 많은 이별을 감내하고
닳아버린 연골 휘어진 팔을 흔들며
마지막 잎새의 이별을 배웅하고 있다.

한평생 자식만을 위해 살아온
눈물로 얼룩진
어머니의 인생사 같은 삶을

숙명처럼 여기고
순리에 순응하는 것이라며
삶의 희망으로 찾아올 봄을 기다리며
차디찬 겨울을 버티고 서 있다.

제목 : 겨울나무
시낭송 : 박영애
스마트폰으로 QR 코드를 스캔하면
시낭송을 감상할 수 있습니다

맷돌 소리

동짓달 땅거미가
마당 끝으로 기어들면 엄마는
차디찬 헛간 바닥에
보름달같이 둥근 멍석을 깔고
밤이 깊도록 맷돌을 돌린다

들들 들들
돌아가는 맷돌 속에서 엄마의
무너진 삶처럼 처참하게 부서진
옥수수 알이 쏟아져 나온다.
찌그러진 양은 도시락
돌처럼 굳어버린 옥수수밥
휘어지다 못해
목이 부러진 동강 난 놋쇠 숟가락
한 맺힌 삶이 쏟아지면

밤 깊은 헛간의 맷돌 소리는
마른 옥수수 그루터기를 스치는
바람 소리와 함께
엄마의 흐느낌으로 들려온다.

제목 : 맷돌 소리
시낭송 : 박영애
스마트폰으로 QR 코드를 스캔하면
시낭송을 감상할 수 있습니다

행복을 먹는 아이들

처마 끝 그림자가 댓돌 너머 저만치
마당으로 물러나면
초여름 대청마루는 분주해진다.
엄마는 갓 캐온 감자를 골라
껍질을 깎고 강판에 감자를 간다
강판에 흐르는 감자즙을 바라보는
아이의 뱃속에서
꼬르륵 소리를 내며 요동을 친다
하얀 김이 모락모락 피어나는
가마솥 떡 시루에
까맣게 윤기가 흐르는 감자떡
팥고물로 곱게 단장하고 얼굴을 내밀면
엄마는 대나무 잣대를 떡시루에 올려놓고
시퍼렇게 날이 선 부엌칼로
잣대를 따라 후후
김을 불어내며 떡을 자른다
보릿고개 넘는 배고픈 아이들의
허기진 배 채워주는 감자떡
아이들은 엄마의 땀을 먹고 눈물을 먹고
온 가족 둘러앉아 행복을 먹는다.

낮에 뜬 달

스산한 바람에
옷깃을 여미는 새벽
백발 노모의
하얀 머리카락을 날리는
새벽 기도길

시위를 당긴 활처럼 휘어진
등을 업고
뒷짐 진 손끝에 낡은 성서
갈피갈피
바람이 읽고 지나간다.

언제나 돌아오려나
육지로 간 자식 생각에
서산마루 하얀 낮달이 되어
재 너머 동구 밖 길을
한없이 바라본다.

어머니의 첫 기일(忌日)

겨울비가 나목을 적시는
어머니의 첫 기일(忌日) 살아생전
어머니의 모습을 바라봅니다.

때 이른 한파가 기승을 부리던 겨울
삼베 수의 곱게 차려입으시고
잠자는 공주처럼 하얀 미소를 머금고
떠나시던 그 날을 생각 합니다.

어머니!
세상에 보고 듣는 모든 것
헛되고 헛된 것이요
먹고 마시고 취하는 모든 것
허공에 피는 꽃이니 잊고 가소서

세간을 둘러보면 살아온 자취가
꿈속에 일과 같습니다
이제 높은 곳에서 먼저 가신 선친들과
함께할 것이니 모두 잊고 가소서

고요하고 적막 하나
어둠의 빛을 비추어 허공을 밝힐 것이니
두려워 마시고 고이 가시 옵소서

마지막
착관(着冠)의 수의 자락을 내리고
우리 곁을 떠나가신 어머니!
오늘 어머니의 첫 기일
보잘것없는 정성을 들이오니
높은 곳에서 내려와 저희와 함께하소서

제목 : 어머니의 첫 기일
시낭송 : 박영애
스마트폰으로 QR 코드를 스캔하면
시낭송을 감상할 수 있습니다

아버지의 눈물

이제 준비 하셔야겠습니다.
야속한 주치의 말을 되씹으며
병실 문을 연다
침대 난간에 손발이 묶인 채
쓰러진 아버지
흐트러진 아버지의 자리를 헤집고
새우잠에 빠진 치매 걸린
어머니를 바라보며
흐르는 눈물을 주체할 수 없던 날

말기 암으로 시한부 삶을 사는
아버지의 손을 잡고
얼음장 같은 손바닥 가장자리에
희미하게 그려진 붉은 반점을 바라보며

"아버지 白壽(백수) 하겠네."

나의 목멘 소리에 잠을 깬 아버지
슬며시 손을 들며
알 수 없는 미소를 짓는다

언제나 말버릇처럼
불쌍한 너희 엄마 세상에 남겨두고
먼저 떠날 수 없다며
가쁜 숨을 몰아쉬며 하루에도 몇 번씩
손을 들어 손바닥 가장자리에 희미하게 그려진
붉은 반점을 찾아다니시던 아버지!

마지막 삶의 시간을 움켜쥐고
몽글몽글
하얀 메밀꽃 피는 하늘 공원 길을
홀연히 떠나가신 아버지의 두 볼에
떨어진 어머니의 눈물!

제목 : 아버지의 눈물
시낭송 : 박영애
스마트폰으로 QR 코드를 스캔하면
시낭송을 감상할 수 있습니다

엄마 생각

군불 지핀 안방에
계곡의 바람 소리처럼 들려오는
마지막 뽕잎 먹는 누에 소리를 뒤로하고
낡은 보자기를 허리에 동여매고
돈 털러 가자든 엄마!

밭두렁 좁은 길 따라
오랜 세월 거친 해풍을 막아선
뽕나무 아래 보자기 깔고
잡초 우거진 밭두렁에 앉아
아버지 팔뚝같이 단단한 몽둥이로
앙상하게 뼈만 남은
늙은 뽕나무 종아리 치는 엄마!

엄마 어깨 위로
내 엄지손가락 굵기의 까만 오디가
여름날 소나기 떨어지듯 후두둑!
떨어지면 돈 떨어진다며
환하게 웃으시든 엄마 생각에
눈시울이 뜨거워진다.

문상(問喪)

흐느낌이 흠뻑 젖은
영락원 뜰에도 봄이 왔다
꽃샘바람이 스치고 간 뜨락에
눈물 젖은 꽃잎이 허공을 날고 있다
꽃이 진 자리에 연둣빛
속살을 드러낸 왕벚나무 작은 떡잎이
고개를 내민 울산 영락원

국화꽃으로 단장한 제단 위에
곱게 차려입은
친구 엄마 영정사진을 바라보며
꽃이 지면 잎이 피는 것이
자연의 순리(順理)라면
한번 가면 다시 돌아올 수 없는
인생의 마지막 가는 길이
한없이 서글퍼진다.

국화꽃 한 송이 제단에 올려놓고
가시는 길 고이 가시라
영위(靈位)에 기도하니 돌아가신
나의 엄마 생각에 목이 메어옵니다.

제목 : 문상(問喪)
시낭송 : 박영애
스마트폰으로 QR 코드를 스캔하면
시낭송을 감상할 수 있습니다

내가 너와 함께함이라

살아 쓸모없고 죽어 아깝지 않다며
홀로 감내(堪耐)한 그 많은 삶의 조각들을
골 깊은 주름으로 접고 홀연히 떠나가신 어머니!
얼음장 같은 어머니의 굳은살 박인 손에서
한평생 가족을 위해 살아온 지난 삶을 바라본다.

바다를 건너온 장티푸스는
열악한 섬을 휩쓸고 다니며 보릿고개를 넘는
배고픈 아이들을 죽음의 공포로 몰았고
불덩이 같은 아이를 부둥켜안고
"두려워 말라 내가 너와 함께 함이라."
성서 한 줄을 주문(呪文)처럼 외우며 아이의
운명을 건 어머니!
아픔의 눈물이 채 마르기도 전에 운명은
또 다른 시련을 불러왔다.

어느 날 까닭 없이 쓰러진 아버지!
날이 갈수록 심해진 알 수 없는 병은 무수한
유언비어의 날개를 달았고
바다 건너 육지로 가는 병원 길은 한 집안의
몰락을 예고했다.

바다 건너 섬에서 온
초라한 엄마의 모습에서 의사는 진료보다
병원비를 먼저 생각했으리라
병명을 알 수 없다는 청천벽력 같은 의사 말에
아버지의 삶은 무너지고
병원에서 병원으로 뿌려진 가난의 몸부림
사느니 차라리 죽겠다며 울부짖는
아버지의 울음 뒤에는 냉정하게 돌아선
세상 소리만 요란했다.
올망졸망 단칸방에 팔 남매의 반짝이는 눈빛이 두려워
눈물을 삼켰고 배고픈 아이들의 끼니를 위해
비탈진 산을 짐승처럼 파헤쳤다.
고통의 날을 버티는 아버지를 위해
눈물로 밤을 새운 그 많은 날의 기도와 기도(祈禱)
운명은 어머니를 외면하지 않았다.

세상의 어머니는 하얀 겨울로 떠났지만
보낼 수 없는
"두려워 말라 내가 너와 함께 함이라"
가슴에 화석처럼 굳어있는 나의 어머니!
오늘도 천사의 하얀 날개옷을 입고 줄지어 내려와
이 세상 하얗게 사랑으로 담아가고 있다.

제목 : 내가 너와 함께함이라
시낭송 : 박영애
스마트폰으로 QR 코드를 스캔하면
시낭송을 감상할 수 있습니다

고향(故鄕)

한눈에 들어오지 않는
넓고 넓은 바다
세월의 풍화에 갈라진 돌산
틈새의 고독이
마음속 공허함을 자아내는 섬

조상의 살과 뼈를 묻고
어머니의 혼을 담은 곳
언제 돌아올까?
기다림에 얼룩진 투막집 사랑방
까맣게 탈색한 비워둔 자리
유년의 그리움이 묻어나는 곳

가마솥 사랑 찾아
먼 길 돌아 투막집 벽을 잡고
명치끝에 걸린
세월의 서러움을 토해내는 곳
어머니의
따뜻한 품속처럼 느껴지는
내 고향(故鄕) 울릉도.

제목 : 고향(故鄕)
시낭송 : 박영애
스마트폰으로 QR 코드를 스캔하면
시낭송을 감상할 수 있습니다

임종 지키세요

한바탕 몸을 떨며
다급함을 전하려는 몸부림
불안해진 마음에 전화기를 들었다

"임종 지키세요"
병원에서 보내온 한 통의 긴급메시지
떨리는 손으로 현관문을 열자
초저녁 별들이 구름 갈피에서 반짝이고
어지럽게 밀려오는 거리의
강한 불빛을 헤치며 병원으로 향했다.

침대 옆에 키 큰 산소병이 비스듬히 누워
나를 비웃는 듯 바라보고
토라진 아이처럼 돌아누운 채 미동도 없는
어머니를 지키는 심장 박동 계만
요란하게 울고 있다.

마른침 삼키는 침묵의 시간이 흐르고
얼마나 지났을까?
"2017년 12월 14일 03:00
○○○ 환자 운명하셨습니다."

끝내 어머니는
마지막 임종의 말 한마디
남기지 않고 홀연히 떠나가셨다.

가시는 길 배웅하는 아내의
슬픈 울음을 뒤로하고 병실 창을 열자
도시의 벽을 타고 쏟아지는
"임종 지키세요"
소리가 비수처럼 가슴에 박혀온다.

아버지의 바다

긴 코를 바다에 담고
천년을 지켜온 코끼리 바위 너머
석양이 내리면
아버지는 해가 지는 바다로 나갔다가
해가 솟는 항구로 돌아온다.

해를 삼킨 바다는 바닷속 보석함을 열어
아버지의 바다는
언제나 황금빛으로 출렁인다.

삐걱삐걱 노를 저어
바다로 나가는 조각배를 배웅하는 등대는
불을 밝혀 아버지의 바다를 지킨다

석양은 어둠 속에 사라지고
바다로 나간 배는 수평선 너머
불빛 하나 되어 깜박깜박
밀려오는 파도와 숨바꼭질을 하고 있다

흔들리는 배 위엔 아버지와 동네 아재가
낚싯줄에 주렁주렁 낚시를 달고
바닷속에 잠자는 황금을 낚는다.

제목 : 아버지의 바다
시낭송 : 박영애
스마트폰으로 QR 코드를 스캔하면
시낭송을 감상할 수 있습니다

애환의 꽃

아버지의 신음이 높아 갈수록
무너지는 엄마의 삶
바다 건너 낯선 갯벌에 뿌려야 했던
열여섯 가난의 씨앗
남의집살이에서 미용사
미용사에서 병원 간호조무사
신학대학을 졸업하고
성직자의 꿈을 키우다 쓰러져
서른다섯 젊음에 장애인으로 낙인되어
어둠의 세상 그 많은 날을
엄마의 눈물을 먹고 살아온
일흔셋 누이
돌아올 수 없는 요양병원
조각조각 부서져 하얗게 날아가 버린 뇌
바람에 나부끼는
갈대 같은 몰골을 바라보며
내가 너라면 남들처럼 시집가서
아들딸 낳아 손주 녀석 안아가며
사람답게 살았을
안타까운 삶 애환의 꽃이여!

* 2023.12.20 입원

떨어진 애환의 꽃

병마의 노예가 되어
세상 거친 바람에 흔들리다 떨어진 꽃
벌레처럼 바라보는 차가운 시선
비수처럼 날아와
가슴에 못을 박은 그 많은 상처를
착관의 수의 자락으로 덮고 말없이 떠나간 꽃
꼬불꼬불
산길을 따라 열린 하늘길
전조등 불빛 사이로 성긴 빗방울이 떨어지고
유령처럼 서 있는 나목들이
한 영혼을 애도하듯 온몸을 적시는
숲속의 거대한 성 울산 하늘공원
붉은 벽돌 사이를 비집고
파릇파릇 빗물에 젖는 겨울 잔디 위에
빈 수레만 우두커니 누이를 기다리는
승화원 뜨락, 먼 길 떠나는 누이에게
서럽게 살아온 이 세상 모두 다 잊고
새롭게 피어나는 꽃망울 되어
이승에서 펼치지 못한 꿈 저승에서 마음껏
펼치라 눈물로 기도한다.

* 2024.01.18 운명

나이

말기 암 고통을 참아가며
마지막 남은 삶을
비명 속에서 보내셨던
아버지의 나이
닫힌 요양병원 철문 앞에서
잃어버린 세월의 환영을 쫓아다니며
먹다 남은 어머니의 나이

아픔으로 먹고 서러움에 먹고
어느새 내 나이 칠순
나도 몰래 삼켜버린 세월
돌아보면 아득히 먼 곳에 홀로 앉아
꾸역꾸역
서글픈 나이를 삼킨다

부모님 간병에
세월 놓쳐버린 아내 나이만큼이나
낡은 화장대 앞에 앉아
지워도 지워도 지워지지 않는
골 깊은 주름과 싸우느라
나이를 먹는다.

제목 : 나이
시낭송 : 박영애
스마트폰으로 QR 코드를 스캔하면
시낭송을 감상할 수 있습니다

길 위에 낙엽

날짐승도 아닌 것이
길짐승도 아닌 것이
바람의 그림자 같은 너

바람 불어 하늘 높이 날아올라
겨울 철새처럼
군무를 출 때는 날짐승

엿가위 장단에
춤추는 품바처럼
길 위에 춤출 때는 길짐승

밤이면 창가에 내려앉아
달그락달그락
밤새 세월의 세레나데를 부르다가

새벽이슬 맞으며
처마 밑에 웅크리고 곤히 잠든
내 분신 같은 길 위에 낙엽.

탑골 처녀

백운산 탑골 처녀
봄나들이 간다.
동글동글 잘생긴
몽돌 총각 등에 업혀

은빛 치맛자락
몽돌 허리 휘어 감고
개여울 따라 봄나들이 간다

미끄럼 바위 돌아
떨어지는 폭포와 자맥질하고

황어 연어 준치 새끼
물장구치는
선 바위 둑방 넘어
백운산 탑골 처녀
봄나들이 간다.

* 태화강 발원지

화목 꽃

이제 더는 내 것이 아니고 싶은
사라진 시간 속 가난
우물물 한 바가지 주린 배 채우던
어린 시절 가난 속에서도 꽃은 피었다.
춥지 않은 겨울은 없었지만
사람들은 올겨울이 유난히 춥다고 했다
무너진 화합이 춥고 이웃 간에
바라보는 눈빛이 춥다며 웅성거렸다

바람이 날을 세워 부는 장터
찌그러진 드럼통에서 피어오르는 불꽃만큼이나
치솟아 오른 대목 물가
뜸해진 손님을 기다리는 몇몇 상인들은
그들만의 아픔을 이야기하고

절반 줄어든 장바구니를 들고
까칠하게 달아오른 두 볼을 문지르며
집으로 돌아온 아내, 마치 실성한 사람처럼
"올랐어, 다 올랐어."를 중얼거리며
후들거리는 다리를
아랫목으로 밀며 버릇처럼 TV를 켠다

설 명절 민족 대이동을 알리는
앵커의 격양된 목소리가 매스컴을 장악하고
길어진 연휴에 놀란 벌떼처럼 뛰쳐나온
귀성 인파 손에 손에 화목 꽃을 들고
어디론가 제각기 길을 가고 있다.
금방이라도 현관문을 열고 뛰어들 것 같은
아들딸 손주 녀석들

온 가족의
무병장수와 재복(財福)의 소원을 비는
어머니의 정성이 담긴 떡국 그릇에는
예나 지금이나 변함없이
모락모락 화목 꽃이 피어났다.

장마 일기

갈맷빛 밤송이 가시처럼
살갗을 파고드는 만삭인 유월의 햇살
엿가락 늘어지듯 늘어지는
일상의 나태함에
한 무리 매지구름이 몰려와
후두 둑
한바탕 옥상을 두들기는 작달비
장마 전쟁의 선전포고를 알린다

지구 온난화
빗나간 문명의 오만함이
휘어진 천장 대들보를 받치고
관행처럼 받아 든 선전포고

가늠할 수 없는 비
피할 수 없는 세월
시나브로 내려앉는 육중한 무게
몇 번의 재래식 공법에
누더기로 변해버린 옥상 바닥

틈새를 파고드는 황톳빛 빗물
쏟아지는 장대비에 갈증을 호소하는
낡삭은 배수구의 아우성

치유되지 않은 상처투성이로
장맛비를 감당해야 하는
반지하 옥상 주차장의 슬픈 운명
도둑고양이처럼 다가오는 어두운 그림자
외면한 검은 바퀴들
고개 쳐든 안전 불감증이
상처를 할퀴며 어디론가 사라진다.

* 반지하 옥상 주차장의 비애

(주석)
갈맷빛 : 짙은 초록빛
매지구름 : 비를 머금은 검은 조각구름
낡삭다 : 오래되어 낡고 삭다

봄의 태동(胎動)

정월대보름
유난히 밝은 달빛을 흩날리며
기승을 부리던 겨울 한파의
피 묻은 유서를 들고

단숨에 오르기 벅찬 비탈진 산을 넘어
춘풍(春風)이 부는 날
떨고 있던 홍매가 분홍빛 입술을 열고
성급히 꽃망울을 터뜨린다.

비가 내린다
이틀 낮 이틀 밤을 지새우며
게으름 피우는 겨울의
하얀 솜이불 같은 잔설을 씻어내고

미라처럼 앙상하게 뼈만 남은 몰골
갈가리 낡은 수피 자락을 걸치고
유령처럼 서 있는
늙은 산밤나무 속살을 적시면

사계절
바람의 삶을 사는 늙은 산밤나무
돌출한 뿌리 근육을 꿈틀거리며
뿌리에서 우듬지까지 춤추듯 봄을 나른다

"이제 봄이 오나 봅니다"

입에서 입으로 이어지는
세상 소리
들썩이는 봄의 태동을 듣는다.

제목 : 봄의 태동(胎動)
시낭송 : 박영애
스마트폰으로 QR 코드를 스캔하면
시낭송을 감상할 수 있습니다

새해는

한 바퀴 자전하는 지구를 따라
바다 깊숙이 금빛 휘장(揮帳)을 두르고
새벽을 기다리는 새해는
박명(薄明)의 붉은빛으로 바다 위를
힘차게 솟아오른다.

새해는
무병장수와 재복(財福)의 소원을 담은
동전 가래떡 위에
양지머리 육수의 뜨거운 김이 피어오르는
새벽잠 설친 아내의
떡국 그릇으로 찾아오고

웃는 모습이 예쁜
아내의 눈가에 자글자글 잔주름 꽃을 피우고
피해갈 수 없는 세월 앞에
활처럼 휘어진 두 다리를 휘청거리며
춤추듯 걸어가는
삶의 고통으로 다가온다.

새해는
황금빛 노을이 드리워진 수평선 너머
타는 불덩이로 솟아올라
큰 희망 하나 내려 줄 것 같은 기다림
오랜 지병으로
삶이 고단한 아내에게
건강의 축복을 내려 주리라 기대해 본다.

제목 : 새해는
시낭송 : 박영애
스마트폰으로 QR 코드를 스캔하면
시낭송을 감상할 수 있습니다

아름다운 그곳에

층암절벽 백용(白龍)이 살았다는
백용담을 돌아 흐르는 태화강
기암괴석 사이에 뿌리내린 풀나무
강물에 떠 있는 전설의 산 선바위
사슴의 뿔을 달고
승천하던 백용(白龍)이
하늘빛 거친 비늘을 깔고 엎드려
울주군 입암리와 구영리를 연결하는
선바위교
강을 사이에 둔 노란 유채꽃 자매들이
서로 마주 보며
바람이 불 때마다
안타까운 몸짓으로 아픔을 달랜다.
날이 밝기 무섭게
다리 위를 달리는 삶의 소리에
놀란 황어 떼가
강을 거슬러 뛰어오르고.
성큼성큼 뒤를 쫓는 황새의 긴 다리가
바쁜 걸음을 옮겨가는 계곡
여울목 소리에 마음이 맑아지는
아름다운 그곳에.

4월의 이별

눈 부신 햇살을 비집고
바람이 분다
바람이 불 때마다
폭죽처럼 터지는 꽃잎
꽃눈이 내린다

한순간 피고 지는 서러운 삶
기약 없는 이별 앞에
눈부시게 화사한 저 꽃잎!

보라!

창공에 빛나는 꽃잎들의
화려한 군무를
떨어지면서도 아름다운
연둣빛 꿈을 담은
4월의 이별.

제목 : 4월의 이별
시낭송 : 박영애
스마트폰으로 QR 코드를 스캔하면
시낭송을 감상할 수 있습니다

꽃은 피지 않고

가시넝쿨처럼 부둥켜안고
시리고 아픈 겨울을 버티다가
독선의 표적이 되어
무참히 잘려 나간 담장 위에 개나리

작년 이맘때쯤
날갯죽지에 숨어 고개 내민
병아리처럼
휘어진 가지 끝에 매달려
봄을 출렁이던 예쁜 아이

왕벚나무 가지마다
만개한 벚꽃이 꽃눈을 뿌릴 때까지
꽃은 피지 않고
고사리 같은 작은 잎을 흔드는
손주 녀석 같은 개나리.

세월의 주름

청군 백군
머리띠 이마에 동여매고
여섯 줄 하얀 트랙
앞만 보고 달려온 지나온 인생길

언제나 돌아오는
등외밥상 받아들고 눈물 밥
말아 삼킨 흘러간 지난 세월

백발 머리카락
머리 위에 내려앉고 이마에
일자 주름 겹겹이 쌓여간다.

골 깊은
팔자주름 눈물 담아 흐르고
얽히고설켜 버린 눈가에 잔주름이
지나간 험난 인생
세월 주름 그려낸다.

하지 못한 말

청실홍실
곱게 엮은 하늘 인연 천생연분
연분 맺어 반평생을
하지 못한 말 당신을 사랑합니다.

잠을 뒤척이다
걷어찬 솜이불을 혹여 잠 깰세라
살며시 덮어주며
고통에 반이라도 함께 하고픈 밤
가슴에 하나 가득 눈물 담은 응어리
화석처럼 굳어버린
하지 못한 말 당신을 사랑합니다.

곱던 그 얼굴에 팔자주름 골을 파고
헝클어진 머리카락
손으로 빗질하며 빗장 풀고 기대선
핏기 없는 얼굴로
출근길 배웅하는 당신을 사랑합니다.

고운 틀 미운 틀을
가슴에 못을 박고 모질게 살아온
지나간 험난 세월
병마에 시달리는 당신 모습 바라보면
어리석고 안타까운 한 많은 지난날을
가슴 치고 후회하며
하지 못한 말 당신을 사랑합니다.

제목 : 하지 못한 말
시낭송 : 박영애

스마트폰으로 QR 코드를 스캔하면
시노래, 시낭송을 감상할 수 있습니다

푸른 낙엽

찬 서리 견디지 못해
마지막 남은
펼치지 못한 황혼의 꿈을 접고
떨어진 푸른 운명아!
화려한 욕망 소라 껍데기처럼 웅크리고
거리를 방황하는 푸른 영혼아!

단풍 들면 고향 찾아
홀어머니 모시고 그동안 하지 못한 효도
한번 하리라 벼르다가
홀어머니 앞서 떠난 내 친구 운명 같은
푸른 낙엽아!

잘 가라, 꿈을 이루지 못한 영혼아!
갈가리 찢겨 거리를 방황하는 노숙자 같은
푸른 낙엽아!

낡은 삼베 적삼 서걱거리며
밤새워 배웅하는 억새의 슬픈 밤들아!

제목 : 푸른 낙엽
시낭송 : 박영애
스마트폰으로 QR 코드를 스캔하면
시낭송을 감상할 수 있습니다

해바라기

여린 풀잎에 봄비가 내립니다
하염없이 내리는 내 마음에 비를 맞으며
바라만 보아도 눈시울이 뜨거워지는
야윈 해바라기를 봅니다

기쁨보다 근심이 많았던 지나간 세월
세상에 뿌려진 숱한 눈물의 뿌리들이
가슴 속 응어리 되어 까맣게 타버린 꽃

하얀 이를 드러내고 환하게 웃는
모습이 예쁜 들꽃이라 여겼는데 당신은
무심한 세월을 바라만 보고 살아온
기다림의 꽃이었습니다.

제목 : 해바라기
시낭송 : 박영애
스마트폰으로 QR 코드를 스캔하면
시낭송을 감상할 수 있습니다

세상 사는 이야기

봄을 재촉하는 겨울비를 처마 끝에 매달고
갑진년 2월의 첫 주말을 연다.

친구가 온다는 소식에 내기 장기판에
양수겸장 외통수를 맞은 사람처럼
붉으락푸르락 표정 관리에 바쁜 친구 부인
소금에 절인 지갑을 열고 구렁이알처럼 품고 있던
누렇게 익은 지폐 두 장을 손에 쥐여주면
신사임당 초상화에
"가화만사성(家和萬事成)"의 미소가 흐른다.

일상의 피로를 푸는
막걸리 한 통에 낡은 지갑을 열고
세종대왕 할아버지의 구겨진 얼굴을 펴고
신사임당 할머니를 곱게 모신 두둑한 지갑을 흔들며
신바람 나게 약속 장소로 향한다

칠순의 흰머리들이 도착한 약속 장소
벌겋게 달아오른 참 숯덩이가 푸른 불꽃을 흔들며
갈채를 보낸다.

숙성된 갈빗살이 석쇠 위에서 익어가는 시간
메마른 가슴에 윤활유 같은 소주 한잔을
게 눈 감추듯 들이키고
가슴을 파고드는 짜릿한 맛에 닫힌 입을 연다.

성공한 아들을 앞세운 우월감에
선을 넘는 말투가 때로는 우스꽝스럽기도 하지만
그의 성실함에는 의심의 여지가 없는
친구의 얼굴에 저승꽃을 제거하다 분화구처럼
패인 상처를 설명하느라
콧등에 송골송골 구슬땀이 솟는다

심은 머리카락이 까맣게 자란
물 좋은 모종으로 자신감이 생긴다는 이야기로
배턴이 이어지면
한 순배 돌아 나온 빈 잔이 권주로 채워지고
폐 속으로 숨어든 영일만 바람이 몸속 깊숙이
이산화탄소를 날숨으로 토해낸 트인 가슴으로
숨겨둔 이야기는 급물살을 타고 흐른다.

부실 공사로 흘러내린 누수를 잡느라 한겨울
비지땀을 흘린 이야기
정자 앞바다에 누이 뼈를 묻고 돌아온 동생의
잊지 못할 과거사로 이어지자

구석구석 막힌 혈관을 뚫고 온몸으로 퍼져가는
농도 짙은 알코올이 입술 근육을 무디게 하는
주말 밤은 그렇게 익어간다.

내일이면 입춘대길(立春大吉) 건양다경(建陽多慶)을
부적처럼 내다 걸고 기다리지 않아도 돌아올
봄을 기다리는 너와 나의 세상 사는 이야기는
훗날 오늘을 이야기하며 그리워하리라.

한파(寒波)

시간을 다투며 호외처럼 뿌려진
경보 메시지를 앞세워
전국을 강타한 광풍(狂風)을 동반한 한파

외줄 타는 광대처럼
전깃줄에 몸을 던져 휘청거리고
망나니처럼 소리를 지르며
마른 가지를 휘어잡고 미친 듯 울부짖는다

언제나 가난의 문풍지를 공격해
안방을 점령하고
흡혈귀처럼 사람의 체온을 빨았다.

여명의 빛이 얼어붙은 날개를 녹일 때면
노인은 이른 새벽부터
맑은 유리는 너무 춥게 느껴진다며
우윳빛 창호지를 창문에 붙이며
삶의 고통을
하얀 입김으로 토해내고 있다.

나에게 봄은 희망이었어

빛바랜 가을과 겨울 사이
결구(結球)하지 못해 버려진 몇 개의
떡잎과 속살을 파르르 떨며
하루치 무사함으로 버티는 나를
사람들은 봄동이라 불렀지

서둘러 남쪽으로 떠난 빛바랜 가을
성긴 눈발을 흩날리며 찾아온
얼어버린 노지(露地)에
삭풍은 시든 떡잎을 허적이고
삶이 허무하다며 흐느끼는
머리 잘린 뿌리들을 바라보며
버려진 나의 운명이
슬픈 것만은 아니라 생각했었지

내 삶 절반인 겨울
눈 오는 겨울밤은 잔인한 밤이었어
가슴을 짓누르는 압박감
가위눌린 것처럼 온몸이 마비되어
깊은 수렁으로 빠져드는 듯한 공포

혼자라는 것
너무나 무섭고 두려웠어
어둠의 공포 속에서도 한 가닥
희망으로 다가올 봄을 생각했었지

봄은 겨우내 닫힌 화구를
활짝 열고
나를 구속한 모든 고통의 사슬들을
녹여 주리라는
믿음 하나로 참고 버텨온 나에게
봄은 희망이었어.

제목 : 봄동
시낭송 : 박영애
스마트폰으로 QR 코드를 스캔하면
시낭송을 감상할 수 있습니다

4월

망울진 손끝에
끝 가는 겨울 햇살을 움켜쥐고
속살 파고드는 꽃샘추위에
몸을 떨던 산벚나무

바람에 꽃잎 날리며
발갛게 멍든 자리
씨방에 노란 꽃술 흔들며
밤을 지새우는 4월

코로나 팬데믹 선언으로
아무도 찾지 않는
텅 빈 길을 홀로
긴 가지 늘어뜨리고
하얗게 꽃눈을 뿌리고 있다.

* 2020.03 코로나 팬데믹 선언

가을은 벤치에 앉아

가지 끝 가을은 밤새 벤치에 내려앉아
바람과 이야기하고 있다.

계절의 길목에서
나목의 슬픈 이별을 불러준
철새의 마지막 가을의 노래 들으며
누군가 앉았던 자리에서
지나간 그 숱한 삶의 희비(喜悲)를
이야기하고 있다.

어디로 갈까?
돌아올 수 없는 어느 곳에서
또 다른 시작을 위해 몸을 사르는 가을은
밤새 벤치에 내려앉아

달그락달그락
바람과 그 누군가 했던 지난날 이야기
계절의 회귀(回歸)를 이야기하고 있다.

제목 : 가을은 벤치에 앉아
시낭송 : 박영애
스마트폰으로 QR 코드를 스캔하면
시낭송을 감상할 수 있습니다

송화(松花)

청솔 바람에 송화 피면
만삭의
너를 바라보는
나의 일상은 고문이다.

* 2024.05. 전국 디카 시 백일장 예선 통과

시화

퍼즐 조각 같은 세상 한 조각
멈춘 시간에 담아 혼을 불어넣는
분화된 두 봉우리가 하나의 산이 되는 예술.

* 2024년 짧은 시 짓기 전국 공모전 금상

늙어간다는 것

코끝으로 밀려난
도수 높은 돋보기안경 너머
넌지시 분위기를 살피다가
벌린 입 사이로
목구멍이 보이는 형국이면 길조(吉兆)
너털웃음 한 번으로
자리매김하고 슬며시 일어나는
함께할 수 없어 외로운 노인
흐릿해진 시야
들릴 듯 말 듯 한 소리 따라
하얗게 비워져 가는 뇌로
젊은 언어를 해독하기에는 역부족
알 수 없는 분위기에 휩쓸려
고개 끄덕이며
따라 웃는 것도 고문
휘어진 허리 등에 업고
과일 속 썩는 냄새 풍기듯
노인 냄새 날리며
지는 해 따라가는 그림자처럼
세월 따라가는 늙어간다는 것

운명을 타는 노인

땅거미가 내려앉은
놀이터에
비만의 거대한 몸을 흔들며
유월의 푸른 바람이 불어오면

불법 체류한 붉은 조각들이
구석구석 몸을 숨기고
가로등 불빛 속으로 뛰어든
하루살이의 슬픈 운명을 수습한다.

한바탕
어린 즐거움이 지나간 자리에
노인은 그네를 타고 있다
요양원 목에 걸린
울리지 않는 전화기를 흔들며

유년의 그리움을 타고
겹겹이 밀려오는 외로움을 타고
돌아오지 않는 세월 속에서
노인은 운명을 타고 있다.

제목 : 운명을 타는 노인
시낭송 : 박영애
스마트폰으로 QR 코드를 스캔하면
시낭송을 감상할 수 있습니다

노인(老人)

봄비에 꽃잎 떨어지고
꽃잎 떨어진 자리에 붉은 꽃술이
따가운 봄볕을 견디지 못해 떨어졌다
하루가 다르게 변해가는
연둣빛 봄을 바라보는 노인
긴 한숨을 토하며 뒷짐을 지고
덧없이 가는 세월을 따라 걷는다
이곳은
유일한 무소유 원칙의 땅
가진 자 갖지 못한 자
강한 자 약한 자
모두가 발가벗은 뱃살을 안고
냉온 열탕을 옮겨 다니며
세상의 각질을 벗겨내고 있다
노인은
거북등같이 단단한 등짐을 지고
구슬땀을 흘리는 젊은이를 바라보며
종잇장처럼 얇고 구겨진
뱃살을 문지르며 뱃속 깊숙이
삶의 염증을 씻어내고 있다.

백수(白手) 노인

허무한 인생 고달픈 삶
준비 없이 채워진 나이에 쫓겨난
세상이 붙여준 이름 백수(白手) 노인
갈 길은 먼데 세월의 무게에
맥 빠진 삶을 등에 업고 오라는 곳 없어
갈 곳 찾아 헤매는 가없은 방랑자
눈먼 장님
말 못 하는 벙어리가 아니라고
외쳐도 보았지만
세상에 낙인된 노인이란 숫자
눈뿌리 아프게 참아온 밤
장맛비가 토해낸 하얀 물안개가
비탈진 계곡을 기어오르는 새벽부터
발정 난 들개처럼 컹컹거리며
돈 냄새를 찾아 헤매는 예순다섯
숫자가 만든 이름 백수(白手) 노인
어두운 세상 한 모퉁이에서
힘겨운 삶의 등짐을 지고 오늘도
오라는 곳 없어 갈 곳을 찾아
길을 떠난다.

제목 : 백수(白手) 노인
시낭송 : 박영애
스마트폰으로 QR 코드를 스캔하면
시노래, 시낭송을 감상할 수 있습니다

황어(黃漁)의 꿈

분주하게 오르내리는
바람의 열기에 붉은 꽃술을 뱉으며
진화에 몸살을 앓는 봄
짙은 운무로 강과 하늘이 하나 된
태화강 상류

어린 시절 계곡을 떠나
천적의 눈을 피해 바다를 회유하다
마지막 생을 마감하기 위해
강을 거슬러 돌아온 가슴 붉은 황어(黃漁)

엄마 품처럼 포근한 몽돌 가슴에서
몸을 날리며 여울목을 넘는다
무모하게 설쳐대는 황어 달래는 몽돌
한바탕 소동이 일어나는 섬 바위 계곡

만삭의 몸으로 간신히 여울목을 넘어
마지막 꿈을 이룬 황어
고향의 물소리 들으며 산란을 시작한다.

노란 유채꽃이 꿈을 이룬
돌아온 황어를 향해 손을 흔든다.

울기등대(蔚氣燈臺)

태백의 끝자락 방어진 반도
송림(松林)의 키 높이에 시야를 잃은 아버지를
사람들은 외롭고 쓸쓸한 눈먼 늙은이라 하지만
외롭지 않다며 어깨를 으쓱 세우는 아버지
세월의 풍화에 시위를 당긴 활처럼 휘어진 몸
갈라진 수피(樹皮) 자락의 낡은 갑주(甲冑)를 입고
굳은살 박인 뿌리 근육을 꿈틀거리며
거친 해풍과 맞서 싸워온
일만 오천의 백 년 지기 노송을 바라본다.

세월이 할퀴고 간 자리
켜켜이 다진 길섶에 계절의 야생화가
진한 솔향을 뿌리며 길을 연 대왕암공원
태백산맥의 마지막 살점을 찢어낸 대왕암
죽어 호국용(護國龍)이 되어
나라를 지키겠다는 문무대왕의 혼이 서린
기암괴석 바위 섬에
몸을 부대끼며 풍랑(風浪)을 점치는
파도의 춤사위에 긴장의 끈을 놓을 수 없다며
눈을 부릅뜨고 지켜온 해울이의 바다

수평선 멀리 바닷속 여의주를 물고
승천(昇天)하는 호국용(護國龍)이
황금빛 비늘을 휘어 감고 뭍으로 달려오면
뼛속까지 힘이 솟는다는
백순(百旬)을 훌쩍 뛰어넘은 아버지

일몰의 검은 파도가 너울져 밀려오면
아들 신 등탑에 일러 불을 밝히고
아버지 구 등탑은 등 뒤에서 귀를 열어
바람 소리, 파도 소리를 들으며
바다의 풍광을 꿰고 있다.

제목 : 울기등대(蔚氣燈臺)
시낭송 : 박영애
스마트폰으로 QR 코드를 스캔하면
시낭송을 감상할 수 있습니다

그리움

당신의 눈웃음 같은 초승달이
초저녁 칠성 별에 걸려 졸고
달빛에 쓰러진 야자수 그림자가
바람에 흔들리는 잠 못 드는
모로코의 밤

나는 조르프라스파 언덕
작은 등대에 기대앉아
대서양의 검은 파도를 바라보며
가슴 아리는 그리움을 마십니다

그리워 그리워서 잔을 채우고
그리워 그리워지는 당신 때문에
달빛을 마십니다.

벗어야 오는 봄

신나게 몸을 흔들어 땀을 빼고
큰 입을 벌린 채 가쁜 숨을 토해내고 있다

아내는 다 벗었다, 다 벗었어를 연발하며
탈수한 옷을 털고 있다

두꺼운 겨울옷이 줄을 서서 차례를 기다리며
성급한 아내를 향해 불만 섞인 말투로
아직은 좀 이른 것 같은데 투덜대는 세탁기
벌써 두 번째 뜀박질을 하고 있다

오늘은 얼마나 더 땀을 빼야 할까
벗어야 오는 봄 기다리지 않아도 온다는데
아내는 두꺼운 겨울옷을 털어 빨랫줄에 널며
햇볕 좋은 연둣빛 봄을 기다린다.

제목 : 벗어야 오는 봄
시낭송 : 박영애
스마트폰으로 QR 코드를 스캔하면
시낭송을 감상할 수 있습니다

잊혀가는 유월에

다가올 장마에 대한 기상청의 노력은
매스컴을 점령했고
한바탕 전투가 벌어질 것 같은 예감에
불안해진 사람들은
제각기 전쟁터로 향하는 병사처럼
총신이 긴 소총 같은
우산을 들거나 권총 같은 작은 우산을
가방 속에 숨겨 다니며
유사시 쏟아질 장맛비에 대비했다.

하늘은 좀처럼 비가 올 기색은 없고
햇볕은 얇은 셔츠를 통과하여
등이 따갑도록 쏟아졌다
누군가 말했다 장마 전야치고는
지나치게 심한 더위라며 투덜거렸고
또 누군가는 언제 출몰할지 모를
적을 향해 총을 겨누고 있는 병사처럼
우산 손잡이를 움켜잡고
연신 비지땀을 흘리고 있었다

바람은 조금씩
나뭇잎을 흔들며 불어왔고
하늘 한쪽 먹구름은 이른 새벽
산 중턱에 깔린 안개처럼 떠 있다
갑자기 피부를 스치는 서늘함에
비를 예감한 사람들은
갈고리 같은 우산 손잡이를 손목에 걸고
빙빙 돌려가며 쏟아질 장맛비에 대비했다.
후두 둑
진한 흙냄새를 풍기며 달려올 장맛비
함성을 지르며
고지를 향해 돌진하는 병사들처럼
쏟아질 것 같은 소나기
낡은 우산 오랫동안 접힌 자리마다
구멍 난 틈을 비집고
마치 고지를 점령하려는 병사의 기세로
내 머리 위에 떨어질 것 같은
잊혀가는 유월에
사람들은 장맛비를 기다리고 있다.

가로등

도시의 골목길 키 크고 잘생긴 얼굴 하나
지키는 탓으로 일상에 고단한 걸음들이
안전하게 길을 걷는다

늦은 밤 검은 양심의 불청객을 몰아내고
날벌레들의 무지막한 사랑 고백에 지친 몸
아침에서야 겨우 잠이 들면

늘씬한 종아리에 영역을 표시하려는
동네 강아지의 뜨거운 배설물 세례에
잠을 설친다

고개 들어 하늘을 볼 수 없는
선천적 장애의 몸으로 세상에 태어나
한평생 고개 숙인 채 살지만

언제나 밝고 환한 얼굴로
어둠 속 길눈으로 살아가는 아름다운
너의 삶에 뜨거운 성원을 보낸다.

제목 : 가로등
시낭송 : 박영애
스마트폰으로 QR 코드를 스캔하면
시낭송을 감상할 수 있습니다

개나리

지는 줄 알면서 피는 봄꽃 중에
당신이 내게 오신 줄 정말 몰랐습니다

앞산에 불그레 타오르는 노을을 밟으며
일상을 시작하는 내 삶에
당신이 함께 탑승한 줄 정말 몰랐습니다

산 너머 달을 등에 업고
별을 바라보며 달리는 귀갓길
담장을 넘어 줄기마다 각을 세워 출렁이는
노란 사각모의 행렬을 보지 못했습니다

아직 벗지 못한 겨울 외투 속에
봄이 와 있는 줄 이제야 알았습니다.

청하 보경사

태풍이 할퀴고 간 논밭에
원형 탈모의 상흔들이 진한 아픔으로
다가오는 황금빛 들을 지나

팔만보경을 연못에 묻고 금당을 쌓았다는
천년의 사찰 청하 보경사를 만난다

오랜 세월 사찰을 지켜온 노송들
세월의 모진 풍파에
몸을 뒤틀어 그려낸 한 폭의 산수화를 만나고

사찰을 찾아온 삶에 지친 영혼들의
간절한 소망을 담은 돌탑 위에
이름 모를 이들의 소원 성취를 바라며
한 조각 마음을 동냥하고
틈새에 부는 바람에 고단한 삶의 소리를 듣는다

고개를 들어 하늘을 보니
병풍처럼 펼쳐진 기암괴석에 뿌리내린
붉은 단풍잎이 구름 갈피 사이로 흐르고

내연산자락을 굽이 돌아
쉼 없이 흐르는 계곡의 물줄기가 태풍에
살점이 찢겨나간 모난 돌덩이를 치유하며

한바탕 곤두박질치며 떨어져 자맥질하는
폭포수의 힘찬 소리와 함께
지친 영혼을 씻어주는 맑고 청아한
계곡의 소리로 들려온다.

제목 : 청하 보경사
시낭송 : 박영애
스마트폰으로 QR 코드를 스캔하면
시낭송을 감상할 수 있습니다

위판장의 생선들

장엄하게 펼쳐지는
동해의 일출을 뒤로하고
선홍빛 파도를 헤치며 돌아온
영일만 포구

왁자지껄 죽도시장 위판장에
동해의 어종들이 저마다
신이 내린 특유의 외모로
새벽을 펄떡인다.

심청색 등 은빛 비늘을 반짝이며
날씬한 몸매를 자랑하는
과메기의 원조 포항의 명물 청어

흑청색 물결무늬를 좌우 흔들며
사계절 동해의 넓은 바다를 회유하는
비릿한 바다 내음이
서민 밥상을 풍요롭게 하는
등푸른생선의 대표 격인 고등어

들숨 날숨
붉은 아가미를 벌름거리며
묵언 수행하는 우럭

젊음을 과시하듯
얼음장 같은 좌판에 발가벗고 누워
눈을 감고
오가는 행인을 유혹하는 아귀

이들은
알 수 없는 수신호로 몸값을 매기는
중개인을 향해 마지막 삶을 다하는
위판장의 생선들.

돌아온 가을 앞에서

어느 때에서
다른 한때까지의 동안을 사이라 한다
사이에 사는 사람들이
피할 수 없는 여름과 가을 사이에 서 있다

온난화를 등에 업고
천방지축 불던 고온다습의 바람
기압과 기압 사이에서
그 많은 장맛비를 뿌렸고

거친 파도를 몰고 관행처럼 찾아온 태풍
바다와 육지 사이
테트라포드의 육중한 해안선을 넘어
재난을 부추겼던 여름

낮게 내려앉았다
높아만 가는 하늘엔 가까이 다가가면
저만치 날아갈 것 같은
가을 철새의 떨어진 깃털 하나
한 조각 구름 되어 어디에 머물까
배회하는 여름과 가을 사이

여름 낮이 지나면
가을 저녁이 기다려주는 시소의 계절

아침저녁 가을 매무새를 다듬은
선선한 바람이
허리 펴고 일어난 농부의 이마에
흐르는 땀을 씻는

누렇게 익어가는 들판 검게 탄 얼굴에
벌어진 밤송이 같은 함박웃음
고단한 삶의 정겨움이 살아나는
돌아온 가을 앞에서.

제목 : 돌아온 가을 앞에서
시낭송 : 박영애
스마트폰으로 QR 코드를 스캔하면
시낭송을 감상할 수 있습니다

스마트 폰

세상에 태어나면서부터
세련된 자세 품위 있는 아름다움으로
쇼윈도에 앉아 기약 없는 만남을 기다린다.
기다림의 삶, 기약 없는 기다림은 고통이다

어느 날
어떤 스타일을 원하십니까?
손님의 행색을 살피며 조심스럽게 묻는다

지나칠 정도로 젊고 세련된 스타일은 싫습니다
내 나이에 걸맞게 세상 사람들과 편하게
소통하고 자식들 안부나 들으면서
부담 없이 함께 할 수 있다면 좋겠습니다

어쩌다 산책길에서 이름 모를 들꽃이라도 보면
한 컷 아름다운 자연을 담을 수 있다면
더욱 좋습니다만 우리 같은 노인들이 감당할 만한
동반자가 있을지?

매니저는 낮은 목소리로
어르신 연세에 딱 맞는 스타일이 있습니다

검은 정장이 어울리는
선천적 아름다움을 타고난 나의 외모에
노인은 잠시 현기증을 느끼는 듯했고
부담 없이 함께 할 수 있다는 말에 만족했다

한순간 나는 비틀거렸다 노인의 거친 손이
나를 움켜잡고 있었기 때문이다
아픔을 참았다. 기약 없는 기다림은 고통이다
지긋지긋한
기다림에서 벗어나 난다는 것은 행운이다.

주인을 만난 나는 행복했다.
그러나 운명은 나의 삶을 행복만으로
꾸며가진 않았다
삶은 언제나 기다림인 것처럼 언제부턴가
나는 아름다운 이별을 기다리고 있다.

영혼의 위로함을 위해

네가 가진 것
내가 갖지 못해 시기하고 질투하는
불신(不信)의 세상
삶에 지친 영혼의 위로함을 위해
길을 떠난다

봄을 머금은 가로수 마른 가지에
연둣빛 그림자가 맴도는 길을 따라 달려온
천년의 역사가 살아있는 사찰
경주 불국사
겨울 속 꽃눈을 뜨고 세상에 나와
꽃샘 한파에 꽃잎을 날리며
봄을 알리는 슬픈 운명의 매화를 만난다

인내산 계곡을 따라
동해로 흐르는 형산강 끝자락에서
장엄하게 펼쳐진
영일만의 검붉은 노을 사이로
바람을 안고 선회하는 괭이갈매기의
환호를 들으며 한발 앞서 고향으로 향하는
고추 친구와의 해후

시퍼렇게 타오르는 숯불 위에
몸을 달구는 검은 불판을 바라보던
살점 두툼한 삼겹살
먼.길 돌아 고향을 순회한 영혼의
시장기를 달래기 위해 진한 육즙을 흘리며
요란한 소리를 지른다.

위하여!
소리가 터질 때마다 비워지는 술잔
짜릿한 쓴맛이 삶에 지친 영혼을 위로하고
지난 과거사가 무참히 난도질당하는 시간
어둠은 세상을 삼켜 되새김하여
새날을 잉태하고 내일이면 우리는 또다시
고달픈 삶의 기사를 쓰리라.

제목 : 영혼의 위로함을 위해
시낭송 : 박영애
스마트폰으로 QR 코드를 스캔하면
시낭송을 감상할 수 있습니다

장맛비

경자년 7월
삶이 허무하다며 찾아와
한낮을 울다가
밤이 깊어가는 줄도 모르고
그 많은 눈물을 쏟으며 울고 있다

허허로운 마음
문을 열기 무섭게 뛰어든 슬픔
돈도 명예도 모두 부질없다며
애꿎은 신록만 할퀴고 지나간다

어느 날 갑자기
진실을 묻은 채 잘라버린
토막 난 삶도 운명이냐며
슬픔을 참지 못해
낮과 밤을 흐느끼고 있는 장맛비.

* 2020.07.10 서울시장 변사체 발견

달집태우기

춤을 춘다.
머리채를 풀어헤치고
미친 듯
몸을 흔들며 춤추는 여인
바람이 불 때마다
허리를 뒤틀며 날아올라
해묵은 액운을 태운다.

진한 솔향을 뿌리며
춤추는 여인의 몸으로 뛰어든
사악한 악귀들이
타는 불꽃에 몸부림치며 뱉어낸
검은 연기가 긴꼬리를 달고
하늘 높이 날아간다.

훨훨
타오르는 불꽃 속으로
사악한 액운들이 쫓겨가고
희망찬 새해의 날이 밝아온다.

제목 : 달집태우기
시낭송 : 박영애
스마트폰으로 QR 코드를 스캔하면
시낭송을 감상할 수 있습니다

황사(黃砂)

고비사막을 거점으로
강풍을 타고 하늘 높이 날아올라
오대양 육대주를 날며 인해 전술로
세상을 점령하는 악명 높은 아시아의
황톳빛 모래알 군단
봄이면
선전포고 없이 관행처럼 날아와
하늘을 점령하고
해를 삼키는 공포의 침략자
멀리 산과 들, 눈앞에 송전탑
도시의 빌딩까지 삼키고
지구의 미래를 갉아 먹는 포식자
공습경보가 울리고
시간을 다투며 뿌려지는 경보 메시지에
사람들은 몸을 피하지만
어느 한 곳
안전지대 없이 폐부를 파고들고
창틈을 비집고 안방에 눌러앉아 서걱거리는
무지막지한 황사(黃砂) 때문에
봄은 몸살을 앓는다

아침이슬

겹겹이 쌓인
운무를 걷고 밝아오는 아침
밤새 쏟아진 장맛비에
생의 절규가 퍼덕이는 강

황톳빛 강물이 쓸고 간
강변 억새 끝에
한 아름 햇살을 품고
영롱하게 빛나는 너를 바라보며

가슴 한곳에 숨겨진
지난날의 아픔을 지우고
너처럼 빛나는
내일의 꿈과 희망을 담는다.

특별한 송년회

지는 해 등에 업고
멀리 수평선을 바라보면
한발 앞서 걷는 긴 그림자 같은 세월
검고 차가운 바람이 불어왔다

수평선 너머에 고향을 묻고 등 돌려
살아온 반평생 타향의 바람은 언제나
거칠고 차갑기만 했다

우한 폐렴의 꼬리표를 달고 상륙하여
세상을 공포로 몰아온 코로나19
입에서 입으로
불신의 빗장을 걸고 살아온 삼 년
어느새 칠순 전야

고향 오라비들의 만찬을 준비하느라
분주해진 순애식당 양은 냄비에는
빗장 풀린 오징어 내장(곤)과 해묵은 된장이
마른 무청에 올라앉아
뜨거운 열기가 차오를 때마다
냄비 뚜껑을 들썩이며 노래를 부른다.

냄비 뚜껑을 비집고 나온
오징어 내장 특유의 비릿함이
식당 하나 가득
잊어버린 고향 내음으로 채울 때

초록 방석에 자리한 수육이 뜨거운
김을 뿜어내며 만찬의 식탁 위에 오르면
칠순 전야의 막이 오른다.

감치는 오징어 장맛
감자밥 위에 진주알처럼 내려앉은
찰옥수수 알이 입안 구석구석을 돌며
삼 년의 지친 뇌를 자극하여
지워져 가는 시간 속으로 달려가
질펀하게 토해낸 이야기꽃이 절정에 이르자

인간은 홀로 살 수 없다며
구겨진 주름 위에 함박 웃음꽃을 피운다.

제목 : 특별한 송년회
시낭송 : 박영애
스마트폰으로 QR 코드를 스캔하면
시낭송을 감상할 수 있습니다

봄비

4월의 건반 위에
춤추는 봄비

형형이 작은 풀잎 위에서
색색이 예쁜 꽃잎 위에서

숲속 연못에 몸을 던져
겹겹이 퍼져가는 파문 속에서

은구슬 옥구슬
고운 입술로 입맞춤하며
연둣빛 싱그러운
봄을 연주한다.

황혼 학술제

오랜 세월
가슴에 묻었던 녹슨 화음들이
접었던 나래를 펴고 창공을 향해 날아올랐다

젊은 날 펼치지 못한 채 접어버린
꿈의 날개를 퍼덕이며
이루지 못한 꿈의 노래로 승화되어
하늘 높이 퍼져가고

세월 속에 묻혀버린 숱한 아픔의 소리는
마음에서 마음으로 이어져
계곡의 흐르는 샘물처럼 맑고 고운 소리로
학술제의 빈자리를 채운다.

숨겨진 가슴 속 눈물이
방울방울 골 깊은 주름을 타고 흐르고
목멘 학술제의 합창 소리는
7월의 신록 속에 젊은 날 이루지 못한
꿈의 노래가 되어 울려 퍼진다.

제목 : 황혼 학술제
시낭송 : 박영애
스마트폰으로 QR 코드를 스캔하면
시낭송을 감상할 수 있습니다

새벽

어둠은
삼킨 세상을 되새김하여 토하고
하늘과 땅
진한 경계를 그리며 살아나는
묵(墨) 빛 세상

삶을 재촉하는 톱니바퀴는
숨찬 비명을 지르며
언제나 바쁜 걸음을 걷는다.

여명의 빛이 유령처럼 서 있는
나목의 긴 겨울잠을 깨우고
얼어버린 물꼬를 열어
뿌리에서 우듬지까지 봄을 나르고

꽃샘바람이 핥고 간 가지에
홍매가 다문 입을 열고
불그레 수줍은 미소로 새벽을 연다.

제목 : 새벽
시낭송 : 박영애
스마트폰으로 QR 코드를 스캔하면
시낭송을 감상할 수 있습니다

슬프지 않은 이유

내가 슬프지 않은 것은
청실홍실 맺은
당신이 옆에 있기 때문입니다

내가 아직 슬프지 않은 것은
모락모락 하얀 김이 피어나는
아침 밥상 같은
당신의 사랑이 있기 때문입니다

아직 내가 슬프지 않은 것은
당신을 사랑하는 마음이
예나 지금이나
바다 건너 고향으로 가는 마음입니다.

그리고 내가 슬프지 않은 것은
새벽하늘 샛별처럼 반짝이는
귀여운 손주 녀석이 있기 때문입니다

그래서 더욱 행복해지는 것은
아름다움을 노래하는 시가 있기 때문입니다.

제목 : 슬프지 않은 이유
시낭송 : 박영애
스마트폰으로 QR 코드를 스캔하면
시노래, 시낭송을 감상할 수 있습니다

가을 애주가

황금빛으로
드리워진 저녁노을 속에
한잎 두잎
바람에 떨어지는 낙엽을 바라본다

가슴 아프게 보고픈 이도
애타는 그리움도 없는
쓸쓸한 마음에 낙엽을 밟는다

시끌벅적 주막엔 낯설지 않은
얼굴들이 술잔을 기울인다
좁고 긴 터널 속으로
미끄러지듯 파고드는 짜릿한 쓴맛의
유혹을 참지 못해 동석하고

다 함께 건강을 위하여
소리 높여 첫 잔을 비우고
고달픈 삶을 위로하기 위해
잔을 채운다
진한 외로움에 건배의 잔을 들고
서글픈 인생의 한풀이로 노래를 부른다

혈관 속을 헤집는 순도 높은
알코올이 기억의 뇌를 자극하여
잊어버린 과거사를 들썩이며
마음속에 잠자는
뿌리 깊은 과거들을 부추겨
풍선처럼 부풀린
말과 말들이 허공을 난무한다

비틀거리는 세상을 원망하고
또 원망하고
떨어지는 낙엽과 함께
스르르
무너지는 가을 애주가의 하루.

제목 : 가을 애주가
시낭송 : 박영애
스마트폰으로 QR 코드를 스캔하면
시낭송을 감상할 수 있습니다

입춘(立春)

벌떼처럼 날아와
남녀노소를 가리지 않는
코로나19 공격에

안절부절
대문 밖으로 뛰쳐나온
설 명절 인파는 검사소로 향하고

끝이 보이지 않는
겨울 행렬 속으로 끼어든 성급한
입춘을 향해

아직은 겨울 성(城)이라며
때 이른 입성을
잔소리처럼 빈정거리는 한파
시퍼렇게 날이 선
눈발을 허공에 날리고 있다

자연의 섭리, 정해진 절기라며
입성을 정당화하는 입춘

한낮 여린 햇살에
얼어붙은 땅을 녹여 보지만
풀리지 않는
겨울 앙금을 어찌할 수 없어

대문마다
입춘대길(立春大吉) 건양다경(建陽多慶)을
부적처럼 내다 걸고
희망의 봄을 기다리며
아직도 먼 겨울을 버티고 있다.

옥선(玉仙)의 꿈

꿈의 동산 다풀 농원에 가을이 오면
쓸쓸함이 자리한 가슴 한곳에
그리움이 밀려오는 지나간 추억

살갑게 반겨주는 둥지를 떠나
바다 건너 외로운 섬 아버지의 땅
어린 시절 꿈꾸던 꿈을 찾아 나선다

흘러간 지난 세월
가슴에 묻어둔 옥선(玉仙)의 꿈
서걱서걱
모래 먼지 일어나는
화산 분화구에 꿈을 심는다

무모한 도전이다
비웃는 웃음소리 귀먹은 아낙으로
말 못 하는 벙어리로
마가 나무 명이 뿌리 호미 날로 파고 묻고
붙박이처럼 눌러앉아

포기 포기 땀방울로 눈물 심은 나날들
봄여름 가을 겨울 지나간 스무 해를
바람에 넘어질까, 빗물에 씻겨 갈까
안절부절 밤을 새우며 꿈을 담은 세월

병풍처럼 둘러싸인 외륜산 골짜기에
가을이 오면
쓸쓸함이 자리한 가슴 한곳에
그리움이 밀려오는 지나간 추억
꿈의 동산 다풀 농원에도 가을이 온다.

제목 : 옥선(玉仙)의 꿈
시낭송 : 박영애
스마트폰으로 QR 코드를 스캔하면
시낭송을 감상할 수 있습니다

경고

입에서 입으로
옮겨 다니며 세상 질서를
교란하는 괴물

사람의 폐를 공격하고
끝내 숨통을 조여 오는 공포에
장막을 두르고
불신의 벽을 쌓지만
속수무책 쓰러지는 나약함에
치를 떨어야 하지만

너에 대한 인간의 노력이
헛되지 않기에
너의 박멸을 경고한다.

딸 시집가는 날

망사 천 접어 면사포 곱게 꽂고
치맛자락 끝자락을 구름처럼 깔고
행진곡 반주 따라 딸 손잡고 걸어가면
축하객들 소리 정신이 혼미한데
성급한 사위는 딸만 낚아채어 가는구나.

폐백실 꽃방석에 양가 친지 마주 앉아
나눔 인사 끝나면 남의 딸 세워 놓고
아들딸 낳아 대대손손 이어 달라
밤 대추 던지는 덕담에 신이 났네

무엇이 좋아 생글방글 웃고 있는
딸년 바라보면 안쓰럽고 불쌍한 맘
말로 어찌 다 할까.
떠난 자리 크다는 말 누가 한 말인가
주인 없는 딸년 방이 왜 이리 넓고 큰지
텅 비어 허전한 맘 어찌 말로 다 할까.

제목 : 딸 시집가는 날
시낭송 : 박영애
스마트폰으로 QR 코드를 스캔하면
시낭송을 감상할 수 있습니다

행복한 방

낙엽은 가을을 등에 업고
겨울로 향하고
어둠은 다투어 떨어진 낙엽들의
빈자리를 채워가는 시간

문틀에 박힌 대못에
목을 맨 땀에 절인 작업복이
오늘 하루
수고했노라며 소맷자락을 흔든다

두 팔을 벌려
마디마디 구겨진 관절을 펴면
방 하나 가득한
한 평 남짓 골방에 누워
창밖을 보면

밤하늘 달빛이
언제 돌아오려나 기웃하는 방
바람 불어 겨울로 가는 낙엽들이
처마 밑 담장 아래

옹기종기
모여 앉아 밤새 도란도란
속삭임이 들려오는 숲속의 방

일상의 고단함을 달래주는
어머니의 품같이 포근하고
따스한 방에서

도시의 화려함에 심을 수 없는
황혼의 꿈을 심는
행복한 나의 작은 방

고향 초 (故鄕 草)

밤잠 설치며
가슴 가득 설레임으로 찾아가
아쉬운 걸음걸음 말없이 돌아서는
고향 울릉도
그곳에는 태어나서 지금까지
고향을 지키며 살갑게 반겨주는
초등학교 친구가 있다.

향토식당 문을 열면
야! 야! 니가 더븐데 우짠 일이고
시원한 맥주 한 잔 주까?
물부터 할래?

풋풋한 고향의 정을 가득 담은
얼음물 한 잔 내어주며
반갑게 맞아주던 내 친구!
운명은 그의 행복을 좌시(坐視)하지 않았고
피땀 흘려 쌓아온 삶의 탑은
싸늘하게 식어버린
임의 체온으로 기울고

조각조각
무너진 삶의 탑은 파도처럼 밀려와
겹겹이 무거운 등짐만 내려놓고
말없이 떠나갔다.

한 방울 물거품처럼 사라지는 인생
등 돌려 떠나버린 야속한 임의 뒤편에서
한 맺힌 삶의 노래를 불러야 했던
잊지 못할 친구의 애창곡
"울어라 열풍아"의 노래 속으로
비가 내린다

해안선 따라 뿌리 내린
테트라포드의 육중한 등을 적시고
이제는 까마득한 옛이야기 같은
인고의 세월을 살아온
고향 초 위에 소리 없이 내린다.

제목 : 고향 초
시낭송 : 박영애
스마트폰으로 QR 코드를 스캔하면
시낭송을 감상할 수 있습니다

향수(鄕愁) -01

시간은 언제나 과거를 잉태하고
유리창을 기웃하는 주말 밤
휴가 갔던 동료가
마을 다녀온 사람처럼 불쑥 돌아와
가방에서 꺼낸 고국의 향기를 마시며
솜처럼 하얗게
눈 덮인 겨울 속 너를 생각한다.

통나무 기둥에 석가래 걸쳐
흙을 쌓아 집을 짓고
벽 한 면 화폭처럼 열어놓고
맑은 통창으로 달려드는 겨울 햇살을
커튼 속에 담는 거실에서 김이
모락모락
차오르는 차 한잔에 몸을 녹일

봄이 오면 버릇처럼
마당 앞 넓은 밭고랑을 걸으며
바람에 씻겨나간 뿌리들을 덮어주며
갓난아기 잠재우듯 토닥이는 모습이
보기 좋았던 그날을 생각한다.

* 2013.01.30 친구 생각

향수(鄕愁) -02

올가을 단풍 들면 홀어머니 계신
고향 찾아가 한 해 겨울 보내며
평생 하지 못한
효도 한번 하리라 벼르던 너
떨어진 낙엽 위에 찬 서리 내렸구나

집 나간 아들 돌아올까
푸른 잎이 언제나 단풍 들까
뜬 눈으로 지샌 날이 하루이틀이던가
그런 부모 앞에 비보가 웬 말인가?

부모 앞서 떠난 자식
천하에 불효라고 장담하던 너
홀어머니 남겨두고 그 길 가고 싶더냐?

가지산 쉼터에서 동동주 받아 들고
타국 멀리 떠나는 친구
내가 배웅한다던 네가 무엇이 급해
그렇게 갔단 말인가? 눈감으면 찾아오는
어제 너의 그 모습을 어찌 잊을까.

* 2013.11.12 친구를 보내고

향수(鄕愁) -03

동짓달 초이레 밤 세상에 나온 아이
몸통, 머리통이 반반
산모 고통 오죽했을까?
육이오전쟁 지나 일 년 한 아름 만삭 산모
허기진 배 채우기가 그리 쉬웠을까?
그래도 울 엄마, 긴 머리통에
고추 하나 달고 나온 나 때문에
쇠고기 한 근에 타래 미역 빨아 넣고
한 아름 가마솥에 미역국 끓여
허기진 배 채웠다니 태어나면서 효잔데
그때 그 아들 환갑이 오늘인데
찾는 사람 하나 없고
초저녁 샛별 동무하며 한잔 술 삼키려니
차마 목이 메어 넘어가질 않는구나.
누가 진수성찬 차려놓고
자식놈 큰절 받는 그런 복 바랬을까.
한 많은 인생 살았다고
그 흔한 꽃 한 송이 가슴에 달아도
섭섭진 않을 텐데 위로받고 싶은 이 마음
별에게 하소연한다.

* 2013.12.09 환갑날

향수(鄕愁) -04

달 달 밝은 달아
대서양 바다에 소용돌이 따라
강강술래 도는 달아
처녀 댕기 총각 댕기 달빛 물결 따라
흥겹게 도는구나.

달 따라 도는 술래 술잔에 담고
댕기 자락 끝자락에 사연 달아놓고
구름에 달빛 가리면 그때 몰래 보내리

달 달 밝은 달아
창 넘어 달빛 보고 서러워 울던 달
옥도끼로 찍은 팔자 금도끼는 아니래도
역마 팔자는 찍지 말아야지
사람 팔자 역마살이 반평생이 지났구나

달 달 밝은 달아 대서양에 잠긴 달아
나도 너처럼 대서양 깊은 바닷물에 갇혀
한가위 보름달을 세 번째 바라보며
고향, 친구 생각에 달 기우는 줄 몰랐구나.

* 2013.09.19 모로코의 추석

향수(鄕愁) -05

억새 지붕 처마 끝에
살 박은 형틀처럼 고드름 매달리고
섣달에 뜨는 달빛 처마 밑으로 스며들면
나는 꿈속에서
설, 추석 한 해 두 번 먹어보는
하얀 이밥, 고깃국을 맛있게 먹었지
초하루 꾼 꿈이 그믐까지 가더라
아침에 일어나
말라붙은 눈꺼풀을 침 발라 실눈 뜨고
설날 남은 날이 몇 밤이냐 물어보면
손가락 마디마다 굳은살 박인
못생긴 엄마 손이 언제나 한결같이
두 손 펴며 알려주면
어느새 실눈 속에 눈물을 글썽이며
엄마 엉덩이만 툭툭 차곤 했었지
설날 대목 옷을
입어보고 벗어두고 밤마다 품고 자고
그렇게 기다렸던 그때 그 설이 돌아오니
나만의 슬픔인 양 눈시울이 뜨거워진다.

* 2014.01.26 설을 앞두고

향수(鄕愁) -06

포항 죽도시장 어물 중에
우럭, 도다리 회 쳐놓고, 고봉 술잔 채워 들고
위하여 외치는 송년회 소리
태평양, 대서양을 건너 모로코까지
두 대양을 건너왔네

사슬 걸어 잡아 볼까. 노끈 묶어 당겨 볼까.
떠나는 청마 해가 왜 이리도 아쉬울까.

남은 회갑 년이 낱장으로 남았으니
낱장 두어 장은 친지 형제 안부 묻고
그리고 두어 장엔 그리운 벗을 위해 쓰고
마지막 남은 날은
떠나는 나의 청마 해를 위해 쓸까 하네.

* 2014.12.23 송년회 소식

향수(鄉愁) -07

서산마루 저녁노을이 질 때면
우리 집 마당엔 언제나 분주했다네
마당 건너편에는
진한 연기를 뿜으며 코를 찌르는
마른 쑥 타는 냄새가 모기를 쫓고

마당 복판에 넓은 멍석을 깔고
지게 등에 작대기를 꽂아 작대기 끝에
호야 불을 걸면 마당은
한바탕 떠들썩하게 동네 여인들
일터가 되곤 했었다네

여름밤은 그렇게 시작되었지
아침밥거리 감자 깎는 손이 바빠지면
나는 누이 뒤에 누워 별을 헤아렸다네

하나둘 셋 다섯 일곱 아홉 열.
밤하늘에 별은 모두가 열에서 열 개로
이어지다 잠이 들곤 했던 유년 시절
그때 그 별을 헤아려 본다.

* 2014.08.03 별 헤는 밤

미망인

떠나지 못한
철새의 울음이 들려오는 밤
돌아오지 않는 날의 그리움을 기다린다

어디쯤 오고 있을까?
길 건너 포장집
졸고 있는 주인을 잡고 앉아
외로움을 마실까
까맣게 잠든 주차장엔
희미한 불빛만 졸린 눈을 뜨고 서 있다

밤을 두드리는 시계 소리에
잠 못 드는 밤
미치도록 외롭고 그리워서 흐느끼는 밤
언제나 함께했던 그림자 하나 눈앞에 서성인다.

금방이라도 문을 열고 들어올 것 같은
기다림의 문고리엔 세월만 쌓여간다.

제목 : 미망인
시낭송 : 박영애
스마트폰으로 QR 코드를 스캔하면
시낭송을 감상할 수 있습니다

백신접종 가는 길

젊은 날
뭉개진 손톱으로 흙을 파헤치며
짐승처럼 살아온 낡은 운명들

이제는 버려도 아깝지 않을 만큼
닳아버린 연골을 움켜잡고
삐걱삐걱
가파른 병원 계단을 오른다

벌집 같은 뼛속에 남은 기력으로
마지막 삶을 위하여
골 깊은 주름에 흐르는 땀을 씻는다.

시계 소리

찰칵찰칵

세월을 잘라내는 소리
운명을 조율하는 냉정한 소리

얼마나 많은 운명이
돌아가는 톱니바퀴에 끼어
비명을 지르고

얼마나 많은 억울함이
얼마나 많은 슬픔이
차디찬 시계 소리에 묻혀질까

불면의 밤을 잘라내는
시계 소리에 무참히 잘려 나간
오월의 꽃잎이
신록 속으로 사라져간다.

황혼 반사경

숲속의 세레나데가 들려오는
검단마을 동산
백인의 전사들이 탑승한
회사 담장 위에 땅속 깊이 몸을 박고
외롭게 서 있는 반사경

번잡한 도시의 길목
예측불허의 사각지대를 지키며
애환을 조율하는 화려한 삶을 뒤로하고

산 너머 달빛이
초록 잎 사이를 기웃하다 능선에 올라
슬며시 등을 기대며 속살거리는
달빛 사랑에 소리 없이 내리는 밤이슬에
젖는 줄도 모르고

나뭇가지를 흔드는
달그림자에 놀라 짖어대는 누렁이 소리에
일상의 고단함을 깨운다

무논에
개구리울음 같은 세상 뒤로하고
속절없이 흘러가는 세월 뒤에서
철새들의 구슬픈 노랫소리 들으며
묵묵히
황혼의 밤을 지키고 있다.

제목 : 황혼 반사경
시낭송 : 박영애
스마트폰으로 QR 코드를 스캔하면
시낭송을 감상할 수 있습니다

민들레 홀씨 되어

광풍에 흩어진 홀씨
청룡에 몸을 담고 거친 파도 헤치며
떠나온 고향

치유되지 않은 강산
깨어진 기왓장에 뿌리를 박고
눈물로 지새운 오십 년 타향의 밤

외롭고 서러운 험난한 인생길
불굴의 의지 하나만으로 살아온 삶

향수에 젖은 가슴
닫힌 문을 열고 한걸음에 달려온
달 품은 영일만의 밤
민들레 홀씨처럼 두 어깨 마주한
오십 년 흩어진 우정

아쉬운 걸음걸음 내딛지 못해
하얗게 밤을 새운 낮달이 되어
영일만 수평선 너머
그리운 고향 하늘을 바라본다.

제목 : 민들레 홀씨 되어
시낭송 : 박영애
스마트폰으로 QR 코드를 스캔하면
시낭송을 감상할 수 있습니다

* 2023.11.25 본천부 모임
* 청룡 : 포항, 울릉 간 최초 연락선 이름.

불면의 밤

눈을 감을수록 커지는
동공의 빛 속에 지난 잔상들이
하나둘 용수철처럼 튀어나와
빛의 미로를 헤매는 시간

모공 사이를 비집고 솟아오른
땀방울이 온몸을 기어다니며
열대야를 즐긴다

나뭇잎 밟던 소나기는
처마 끝소리만 남긴 채 떠나고
젖은 놀이터를 지키는 희미한 불빛
그림자를 밟고 홀로 서서

삐걱삐걱
녹슨 날개를 흔들며 힘겹게
돌아가는 실외기의
고통스러운 불면의 밤을 바라본다.

고향길

이른 새벽
육중한 테트라포드 위에
챙이 긴 모자를 눌러쓴 괭이갈매기가
초병(哨兵)을 서고 있다

방파제를 넘는 해무에
놀란 초병들이 날개를 퍼덕이는
여객선 터미널

밤을 지새우며 바다를 건너간
성급한 마음들이
배낭 하나 가득히 설렘을 담고
와자지껄 들뜬 소리로
대합실을 달궈가는 시간

굵은 쇠사슬을 목에 감고
선착장에 엎드린 연락선은
밤새 내린 장맛비에
흠뻑 젖은 얼굴로 탑승을 기다린다

부~ 웅~
출항을 알리는 뱃고동 소리
설레는 가슴으로 개찰구로 향하는
관광객들이 하나둘
연락선으로 빨려들듯 탑승하는 행렬 속에
오래전 육지로 건너간
젊은 꿈 하나를 바라본다

사십 년 타향에서 고달픈 삶에 백발노인 되어
찾아온 고향길
어머니의 품으로 돌아가는
집 나갔던 아이의 두 눈에 오랫동안 참았던
그리움이 눈물 되어 흐른다.

제목 : 고향길
시낭송 : 박영애
스마트폰으로 QR 코드를 스캔하면
시낭송을 감상할 수 있습니다

잔소리

너는 언제나 내가 듣기 싫은
필요 이상의 참견으로 꾸중하듯 하지
지나친 너의 말을 들으면
가슴이 두근거리고
온몸에 피가 역류하는 것 같아
너는 왜?
내가 무슨 일을 하려고 하면
먼저 앞서서 말로 다 하니
내가 물으면 묻는 것만 대답해
너무 간섭하지 말고
그냥 기다려주면 안 될까?
남의 약점을 꼬집어 이야기하지 마!
사람이 살면서 실수도 하는 거지
하라 말라 명령투로도 말하지 마!
조용히 이야기해도 알아들어
왜 안 해도 될 말을 하니
묻고 싶어도 묻기가 싫어
너와 대화하기가 싫어진다고.
지나친 너는 사람과 사람 사이를
이간질하는 거야!

제목 : 잔소리
스마트폰으로 QR 코드를 스캔하면
시노래를 감상할 수 있습니다

가을

코끝을 자극하는
비릿한 밤꽃 유혹에 여름이 오고
쏟아지는 장맛비에
검게 탈색한 밤꽃이 연둣빛
아기 밤송이를 품고
무덥고 긴 여름 지나가면

이슬 머금은 달빛에
한낮의 뜨거운 열기를 식히고
해 질 녘 부는 닭살 돋는 바람이
나뭇잎을 헤집고 다니며
누렇게 익은 밤송이를 흔든다

툭! 발 앞에 던져주는
알밤 한 톨의 후한 가을 인심
세월 속에 돌아온 가을을 만난다.

나의 하늘

김정윤 제2시집

2025년 7월 23일 초판 1쇄
2025년 7월 25일 발행
지 은 이 : 김정윤
펴 낸 이 : 김락호
디자인 편집 : 이은희
기 획 : 시사랑음악사랑
연 락 처 : 1899-1341
홈페이지 주소 : www.poemmusic.net
E-Mail : poemarts@hanmail.net

정가 : 10,000원
ISBN : 979-11-6284-598-1

저작권자와 맺은 특약에 따라 검인은 생략합니다.
잘못된 책은 교환해 드립니다.